中国铁建股份有限公司企业标准

中低速磁浮交通运营管理规范

Regulations for Operation Management of Medium and Low Speed Maglev Transit

Q/CRCC 32809—2019

主编单位：中铁磁浮交通投资建设有限公司
批准单位：中国铁建股份有限公司
施行日期：2020 年 5 月 1 日

人民交通出版社股份有限公司
2019·北京

图书在版编目（CIP）数据

中低速磁浮交通运营管理规范／中铁磁浮交通投资建设有限公司主编. — 北京：人民交通出版社股份有限公司，2019.12

ISBN 978-7-114-15942-8

Ⅰ. ①中… Ⅱ. ①中… Ⅲ. ①磁浮铁路—运营管理—规范—中国 Ⅳ. ①F532.3-65

中国版本图书馆 CIP 数据核字（2019）第 250932 号

标准类型：	中国铁建股份有限公司企业标准
标准名称：	中低速磁浮交通运营管理规范
标准编号：	Q/CRCC 32809—2019
主编单位：	中铁磁浮交通投资建设有限公司
责任编辑：	曲　乐　张博嘉
责任校对：	张　贺　宋佳时
责任印制：	张　凯
出版发行：	人民交通出版社股份有限公司
地　　址：	（100011）北京市朝阳区安定门外外馆斜街 3 号
网　　址：	http://www.ccpress.com.cn
销售电话：	（010）59757973
总 经 销：	人民交通出版社股份有限公司发行部
经　　销：	各地新华书店
印　　刷：	北京印匠彩色印刷有限公司
开　　本：	880×1230　1/16
印　　张：	4
字　　数：	77 千
版　　次：	2019 年 12 月　第 1 版
印　　次：	2019 年 12 月　第 1 次印刷
书　　号：	ISBN 978-7-114-15942-8
定　　价：	36.00 元

（有印刷、装订质量问题的图书由本公司负责调换）

序　一

2016年5月6日，由中国铁建独家承建的我国首条中低速磁浮商业运营线——长沙磁浮快线开通试运营。长沙磁浮快线是世界上最长的中低速磁浮线，是我国磁浮技术工程化、产业化的重大自主创新项目，荣获我国土木工程领域工程建设项目科技创新的最高荣誉——中国土木工程詹天佑奖。长沙磁浮快线是中国铁建独创性采用"投融资＋设计施工总承包＋采购＋研发＋制造＋联调联试＋运营维护＋后续综合开发"模式的建设项目，其建成标志着我国在中低速磁浮工程化应用领域走在了世界前列，也标志着中国铁建成为中低速磁浮交通的领跑者和代言人。

我国已进入全面建成小康社会的决定性阶段，正处于城镇化深入发展的关键时期，亟待解决经济发展、城市交通、能源资源和生态环境等问题，而中低速磁浮交通具有振动噪声小、爬坡能力强、转弯半径小等优势，业已成为市内中低运量轨道交通、市郊线路和机场线、旅游专线等的有力竞争者。以中低速磁浮交通为代表的新型轨道交通是中国铁建战略规划"7＋1"产业构成中新兴产业、新兴业务重点布局新兴领域之一，也是中国铁建产业转型升级、打造"品质铁建"、实现高质量发展的切入点之一。2018年4月，中国铁建开展了中低速磁浮标准体系建设工作，该体系由15项技术标准组成，包括1项基础标准、9项通用标准和5项专用标准，涵盖勘察、测量、设计、施工、验收、运营和维护全过程、全领域；系列标准立足总结经验、标准先行、补齐短板、填补空白，立足系统完备、科学规范、国内一流、国际领先，立足推进磁浮交通技术升级、交通产业发展升级和人民生活品质提升。中低速磁浮系列标准的出版，必将为中国铁建新型轨道交通发展提供科技支撑力并提升中国铁建核心竞争力。

希望系统内各单位以中低速磁浮系列标准出版为契机，进一步提升新兴领域开拓战略高度，强化新兴业务专有技术培育，加快新兴产业标准体系建设，以为政府和业主提供综合集成服务方案为抓手，以"旅游规划、基础配套、产业开发、交通工程勘察设计、投融资、建设、运营"一体化为指导，全面推动磁浮、单轨、智轨等新型轨道交通发展，为打造"品质铁建"做出新的更大贡献！

董事长：　　　　　　　总裁：

中国铁建股份有限公司
2019年12月

序　二

建设更安全可靠、更节能环保、更快捷舒适的轨道交通运输系统，一直都是人类追求的理想和目标。为此，我国自20世纪80年代以来积极倡导、投入开展中低速常导磁浮列车技术的研究。通过对国外先进技术的引进、消化、吸收以及自主创新，利用高校、科研院所及设计院等企业的协调合作，我国逐步研发了各种常导磁浮试验模型车，建设了多条厂内磁浮列车试验线，实现了载人运行试验，标志着我国在中低速常导磁浮列车领域的研究已跨入世界先进国家的行列，并从基础性技术研究迈向磁浮产业化。

国内首条中低速磁浮商业运营线——长沙磁浮快线于2014年5月开建，开启了国内中低速磁浮交通系统从试验研究到工程化、产业化的首次尝试，实现了国内自主设计、自主制造、自主施工、自主管理的中低速磁浮商业运营线零的突破。建成通车时，我倍感欣慰，不仅是因为我的团队参与了建设，做出了贡献，更因为中低速磁浮交通走进了大众的生活，让市民感受到了磁浮的魅力，让国人的磁浮梦扬帆起航。

在我国磁浮技术快速发展的基础上，中国工程院持续支持了中低速磁浮、高速磁浮、超高速磁浮发展与战略研究三个重点咨询课题。三个课题详细总结了我国磁浮交通的发展现状、发展背景，给出了我国磁浮交通的发展优势、发展路径、发展战略等建议。同时，四年前，在我国已掌握了中低速磁浮交通的核心技术、特殊技术、试验验证技术和系统集成技术，并且具备了磁浮列车系统集成、轨道制造、牵引与供电系统装备制造、通信信号系统装备制造和工程建设的能力的大背景下，我联合多名中国科学院院士、中国工程院院士、大学教授署名了一份《关于加快中低速磁浮交通推广应用的建议》，希望中低速磁浮交通上升为国家战略新兴产业。

两年前，国内首条旅游专线——清远磁浮旅游专线获批开建，再次推动了中低速磁浮交通的产业化发展，拓展了其在旅游交通领域的应用。

现在，我欣慰地看到，第一批中国铁建中低速磁浮工程建设企业标准已完成编制，内容涵盖了工程勘察、设计、施工、验收建设全过程以及试运营、运营、检修维护全领域，结构合理、内容完整，体现了中低速磁浮交通标准体系的系统性和完整性，体现更严、更深、更细的企业技术标准要求。一系列标准的发布，凝聚了众多磁浮人的智慧结晶，对推动我国中低速磁浮交通事业的发展、实现"交通强国"具有重要的意义。

磁浮交通一直在路上、在奔跑，具有绿色环保、安全性高、舒适性好、爬坡能力强、转弯半径小、建设成本低、运营维护成本低等优点，拥有完全自主知识产权的中低速磁浮交通也是未来绿色轨道交通的重要形式。磁浮人应以国际化为目标，以产业化为支撑，以市场化为指导，以工程化为载体，实现我国磁浮技术的发展和应用。

作为磁浮交通科研工作者中的一员，我始终坚信磁浮交通有着广阔的发展前景，也必将成为我国轨道交通事业的"国家新名片"。

中国工程院院士：

2019 年 11 月

中国铁建股份有限公司文件

中国铁建科技〔2019〕165 号

关于发布《中低速磁浮交通术语标准》等 15 项中国铁建企业技术标准的通知

各区域总部，所属各单位：

现批准发布《中低速磁浮交通术语标准》（Q/CRCC 31801—2019）、《中低速磁浮交通岩土工程勘察规范》（Q/CRCC 32801—2019）、《中低速磁浮交通工程测量规范》（Q/CRCC 32802—2019）、《中低速磁浮交通设计规范》（Q/CRCC 32803—2019）、《中低速磁浮交通信号系统技术规范》（Q/CRCC 33802—2019）、《中低速磁浮交通供电系统技术规范》（Q/CRCC 33803—2019）、《中低速磁浮交通接触轨系统技术标准》（Q/CRCC 33805—2019）、《中低速磁浮交通车辆基地设计规范》（Q/CRCC 33806—2019）、《中低速磁浮交通土建工程施工技术规范》（Q/CRCC 32804—2019）、《中低速磁浮交通机电工程施工技术规范》（Q/CRCC 32805—2019）、《中低速磁浮交通工程施工质量验收标准》（Q/CRCC 32806—2019）、《中低速磁浮交通试运营基本条件》（Q/CRCC 32807—2019）、《中低速磁浮交通车辆检修规程》（Q/CRCC 33804—2019）、《中低速磁浮交通运营管理规范》（Q/CRCC 32809—2019）和《中低速磁浮交通维护规范》（Q/CRCC 32808—2019），自 2020 年 5 月 1 日起实施。

15 项标准由人民交通出版社股份有限公司出版发行。

中国铁建股份有限公司
2019 年 11 月 18 日

中国铁建股份有限公司办公厅　　　　　　　　　　2019 年 11 月 18 日印发

前　言

本规范按照《标准化工作导则　第1部分：标准的结构和编写》（GB/T 1.1—2009）和《标准编写规则　第6部分：规程标准》（GB/T 20001.6—2017）起草。

本规范由中铁磁浮交通投资建设有限公司提出并归口。

本规范根据中国铁建股份有限公司《关于下达中国铁建中低速磁浮工程建设标准编制计划的通知》（中国铁建科设〔2018〕53号）的要求，由中铁磁浮交通投资建设有限公司会同有关单位编制完成。

本规范由中国铁建股份有限公司科技创新部负责管理，由中铁磁浮交通投资建设有限公司负责具体技术内容的解释。

主编单位：中铁磁浮交通投资建设有限公司
参编单位：中铁第四勘察设计院集团有限公司
　　　　　中铁第五勘察设计院集团有限公司
　　　　　中铁十一局集团有限公司
　　　　　中铁十六局集团有限公司
　　　　　中铁十八局集团有限公司
　　　　　中国铁建电气化局集团有限公司
　　　　　中国铁建重工集团有限公司
　　　　　清远磁浮交通有限公司
主要起草人员：谢海林　鄢巨平　张家炳　别碧勇　宗凌霄　李伟强　张宝华
　　　　　　　刘　畅　金陵生　边　涛　蔡　俊　刘红旺　黎劲劲　刘高坤
　　　　　　　温晓慧　史海玉　丁　浩　胡朋志　余鹏成　周　文　唐达昆
　　　　　　　何小金

主要审查人员：潘百舸　黄海涛　王长庚　孙伟东　李庆民　王永刚　赵疆昀
　　　　　　　杨小球　梁世宽　张记清　李锐爽

目　次

1　范围 ………………………………………………………………………………… 1
2　规范性引用文件 …………………………………………………………………… 2
3　术语和定义 ………………………………………………………………………… 3
4　总体要求 …………………………………………………………………………… 5
5　行车组织 …………………………………………………………………………… 7
　5.1　一般要求 ……………………………………………………………………… 7
　5.2　列车运行调度 ………………………………………………………………… 7
　5.3　车站行车组织 ………………………………………………………………… 8
　5.4　车辆基地行车组织 …………………………………………………………… 9
　5.5　磁浮列车驾驶 ………………………………………………………………… 10
6　客运组织 …………………………………………………………………………… 12
　6.1　一般要求 ……………………………………………………………………… 12
　6.2　客运组织管理 ………………………………………………………………… 12
　6.3　客运组织服务 ………………………………………………………………… 15
　6.4　票务管理 ……………………………………………………………………… 15
7　车辆及车辆基地管理 ……………………………………………………………… 17
　7.1　一般要求 ……………………………………………………………………… 17
　7.2　车辆运用及维护 ……………………………………………………………… 17
　7.3　车辆基地 ……………………………………………………………………… 18
8　系统设备管理 ……………………………………………………………………… 20
　8.1　一般要求 ……………………………………………………………………… 20
　8.2　供电系统 ……………………………………………………………………… 21
　8.3　磁浮道岔 ……………………………………………………………………… 23
　8.4　信号系统 ……………………………………………………………………… 24
　8.5　通信系统 ……………………………………………………………………… 25
　8.6　自动售检票系统 ……………………………………………………………… 26
　8.7　火灾自动报警系统 …………………………………………………………… 26
　8.8　环境与设备监控系统 ………………………………………………………… 27
　8.9　通风、空调系统 ……………………………………………………………… 27
　8.10　消防及给排水系统 ………………………………………………………… 28
　8.11　电梯、自动扶梯和自动人行道 …………………………………………… 30

8.12 站台门系统 31

9 土建设施管理 33
9.1 一般要求 33
9.2 区间设施 33
9.3 车站设施 35

10 人员管理 36
10.1 一般要求 36
10.2 列车驾驶员 36
10.3 调度员 37
10.4 车站值班员 37
10.5 车站客运服务人员 37
10.6 轨排、道岔维护人员 37
10.7 磁浮车辆维护人员 37
10.8 其他人员 38

11 安全与应急管理 39
11.1 一般要求 39
11.2 安全管理制度 39
11.3 安全隐患管理 40
11.4 安全教育与安全检查 41
11.5 应急管理 42

附录 A 运营指标计算方法 45
A.1 列车运行图兑现率 45
A.2 列车正点率 45
A.3 列车服务可靠度 46
A.4 列车退出正线运营故障率 46
A.5 车辆系统故障率 46
A.6 信号系统故障率 47
A.7 供电系统故障率 47
A.8 站台门故障率 48
A.9 磁浮道岔故障率 48
A.10 乘客投诉率 48

Contents

1 Scope ·· 1
2 List of Quoted Standards ·· 2
3 Terms and Definitions ··· 3
4 General Provisions ·· 5
5 Train Operation ·· 7
　5.1 General Requirements ··· 7
　5.2 Train Operation Dispatch ·· 7
　5.3 Station Operational Organization ··· 8
　5.4 Vehicle Base Operational Organization ·· 9
　5.5 Maglev Train Driving ·· 10
6 Passenger Organization ·· 12
　6.1 General Requirements ··· 12
　6.2 Passenger Organization Management ·· 12
　6.3 Passenger Organization Service ··· 15
　6.4 Ticketing Management ·· 15
7 Vehicle and Vehicle Base Management ··· 17
　7.1 General Requirements ··· 17
　7.2 Vehicle Operation and Maintenance ·· 17
　7.3 Vehicle Base ··· 18
8 System Equipment Management ·· 20
　8.1 General Requirements ··· 20
　8.2 Power Supply System ·· 21
　8.3 Maglev Turnout ·· 23
　8.4 Signal System ··· 24
　8.5 Communication System ··· 25
　8.6 Automatic Fare Collection System ··· 26
　8.7 Fire Alarm System ·· 26
　8.8 Building Automatic System ··· 27
　8.9 Ventilationing, Air Conditioning System ·· 27
　8.10 Fire Protection, Water Supply and Drainage System ······························· 28
　8.11 Elevator, Escalator ·· 30

  8.12 Platform Screen Door System ·· 31
9 Civil Construction Facility Management ·· 33
  9.1 General Requirements ··· 33
  9.2 Section Facility ·· 33
  9.3 Station Facility ·· 35
10 Personnel Management ··· 36
  10.1 General Requirements ·· 36
  10.2 Train Driver ·· 36
  10.3 Dispatcher ·· 37
  10.4 Station Administrator ··· 37
  10.5 Passenger Service Personnel ·· 37
  10.6 Transport Rail and Turnout Maintenance Personnel ·· 37
  10.7 Maglev Vehicle Maintenance Personnel ··· 37
  10.8 Other Personnel ··· 38
11 Safety and Emergency Management ·· 39
  11.1 General Requirements ·· 39
  11.2 Safety Management System ··· 39
  11.3 Risk Source Management ·· 40
  11.4 Safety Education and Safety Inspection ··· 41
  11.5 Emergency Plan and Emergency Drill ··· 42
Appendix A Calculation Method of Operational Index ··· 45
  A.1 Fulfillment Rate of Operation Graph ··· 45
  A.2 Train Punctuality Rate ··· 45
  A.3 Train Service Reliability ·· 46
  A.4 Failure Rate of Train Exits the Main Line Operation ·· 46
  A.5 Failure Rate of Vehicle System ·· 46
  A.6 Failure Rate of Signal System ··· 47
  A.7 Failure Rate of Power System ··· 47
  A.8 Failure Rate of Platform Edge Door ··· 48
  A.9 Failure Rate of Maglev Turnout ·· 48
  A.10 Rate of Passenger Complaint ·· 48

1 范围

1.0.1 本标准规定了中低速磁浮交通运营管理总体要求,以及行车组织、客运组织、车辆及车辆基地管理、系统设备管理、土建设施管理、人员管理、安全与应急管理等方面的要求,并给出了相关要求的计算方法。

1.0.2 本标准适用于最高运行速度不大于 120 km/h 的中低速磁浮交通运营管理。

2 规范性引用文件

下列文件中的条款通过本标准的引用而成为本标准的条款。其中，注日期的引用文件，仅注日期的版本适用于本标准；不注日期的引用文件，其最新版本及所有的修改单适用于本标准。

GB 7588　电梯制造与安装安全规范
GB 16899　自动扶梯和自动人行道的制造与安装安全规范
GB 25201　建筑消防设施的维护管理
GB 50157　地铁设计规范
GB/T 30012—2013　城市轨道交通运营管理规范
GB/T 20907—2007　城市轨道交通自动售检票系统技术条件
GB/T 12758—2004　城市轨道交通信号系统通用技术条件
CJJ/T 262—2017　中低速磁浮交通设计规范
JT/T 1185—2018　城市轨道交通行车组织规则
Q/CRCC 33804—2019　中低速磁浮交通车辆检修规程

3 术语和定义

3.0.1 中低速磁浮交通 medium and low speed maglev transit
采用直线异步电机驱动，定子设在车辆上的常导磁浮轨道交通。

3.0.2 中低速磁浮车辆 medium and low speed maglev vehicle
采用常导电磁悬浮技术实现悬浮导向，通过直线异步电机实现牵引和电制动的轨道交通车辆。

3.0.3 运营单位 operation company
经营中低速磁浮运营业务的企业。

3.0.4 运营管理 operation management
运营单位实施的行车组织、客运组织与服务、设施设备运行与维护、车站与车辆基地管理、土建设施运行与维护、安全管理等工作。

3.0.5 行车组织 train operation
利用中低速磁浮交通设施设备，根据列车运行图组织列车运行的活动。

3.0.6 非正常情况 degraded condition
因列车晚点、区间短时间阻塞、大客流以及设备故障等原因，造成列车不能按列车运行图正常运营，但又不危及乘客生命安全和严重损坏车辆等设备，整个系统能够维持降低标准运行的状态。

3.0.7 应急情况 emergency condition
因发生自然灾害或公共卫生、社会安全、运营突发事件等，已经导致或可能导致事故发生或设施设备严重损坏，不能维持中低速磁浮交通系统全部或局部运行的状态。

3.0.8 运营调度中心 operating control center
对全线列车运行、电力供应、车站设备运行、防灾报警、环境监控及乘客服务等中低速磁浮交通运营全程进行调度、指挥和监控的中枢场所，又称控制中心（OCC）。

3.0.9　应急指挥中心　emergency command center
具有通信、指挥等功能，负责指挥中低速磁浮交通运营突发事件处置的应急救援场所，可与运营调度中心合并设立。

3.0.10　运营时间　service period
为乘客提供中低速磁浮交通运营服务的时间，即线路单一运行方向的始发站从首班车发车到末班车发车之间的时间。

3.0.11　车站客运服务人员　passenger service personnel
在磁浮车站内负责服务、安全巡视、秩序维护和乘客疏导等工作的人员。

3.0.12　列车驾驶员　train driver
具备中低速磁浮交通列车驾驶作业资格，从事列车驾驶工作的人员。

3.0.13　调度员　traffic dispatcher
具备中低速磁浮交通调度作业资格，从事调度工作的人员，包括从事行车、电力、环控、客运或信息调度，以及车辆基地调度、维修调度的人员。

3.0.14　车站值班员　station administrator
具备中低速磁浮交通车站作业资格，从事车站设备控制、监视列车运行、监视乘客乘降、掌握车站客流情况等工作的人员。

3.0.15　车辆基地　vehicle base
中低速磁浮交通车辆停放、检修及后勤保障的基地，通常包括车辆段、停车场、综合维修中心、物资总库、培训中心等部分及相关的生活设施。

3.0.16　F型导轨　F type rail
一种承受磁浮车辆悬浮力、导向力及牵引力的基础构件，由F型钢和感应板组成。

3.0.17　轨排　track panel
由F型导轨、轨枕、连接件及紧固件等组成，是中低速磁浮线路的基本单元。

3.0.18　中低速磁浮道岔　turnout for medium and low speed maglev transit
中低速磁浮线路的转线设备，由主体结构、驱动、锁定、控制等部分组成。其主体结构梁由三段钢结构梁构成，每段钢结构梁依次围绕三个实际点旋转实现转线。按照结构组成和功能状态，中低速磁浮道岔可分为单开道岔、对开道岔、三开道岔、多开道岔、单渡线道岔和交叉渡线道岔。

4 总体要求

4.0.1 运营单位应按有关规定取得相应的经营许可。

4.0.2 运营单位应保障磁浮交通安全、有序、高效运营,为乘客提供安全、准时、便捷、舒适的服务。

4.0.3 运营单位应建立健全组织机构,设置行车组织、客运服务、设施设备维护和安全管理等部门,并保障各部门职责明确、分工合理、衔接紧密,制订切实可行的运营组织管理制度。

4.0.4 运营单位应配置具备相应岗位资格能力的生产、技术、管理等工作人员,并建立岗位责任制,保障定员合理、责任落实。

4.0.5 运营单位应建立健全安全管理、行车组织、客运组织与服务、设施设备运行维护、车站与车辆基地管理、应急预案等规章制度和操作办法。

4.0.6 运营单位应注重环境和生态保护,积极推广节能技术。

4.0.7 运营单位应建立资产管理体系,加强资产管理,控制风险和降低成本。

4.0.8 运营单位应按照下列计量单位对主要运营指标进行统计,并向有关主管部门报告:
  1 年客运量:按"百万人次/年"统计。
  2 日客运量:按"万人次/日"统计。
  3 年运营里程:按"万列千米/年"统计。
  4 日运营里程:按"列千米/日"统计。
  5 年开行列次:按"万列次/年"统计。
  6 年运营收入:按"百万元/年"统计。
  7 年票务收入,按"百万元/年"统计。
  8 年经营性收入:按"百万元/年"统计。
  9 年运营总成本:按"百万元/年"统计。

10 年耗电量：按"万千瓦时/年"统计。

4.0.9 客运服务年度统计数据应满足以下指标要求，指标计算方法应符合附录 A 的规定：

1 列车运行图兑现率不小于 99%。
2 列车正点率不小于 98.5%。
3 有效乘客投诉率不应超过 3 次/百万人次，有效乘客投诉回复率应为 100%。

4.0.10 相关设备系统运营指标的年度统计数据应满足以下要求，指标计算方法应符合附录 A 的规定：

1 列车服务可靠度：全部列车总行车里程与发生 5 min 以上延误次数之比不应低于 8 万列千米/次。
2 列车退出正线运营故障率：不应高于 0.4 次/万列千米。
3 车辆系统故障率：车辆故障造成 2 min 以上晚点次数应低于 4 次/万列千米。
4 供电系统故障率：不应高于 0.16 次/万列千米。
5 信号系统故障率：不应高于 0.8 次/万列千米。
6 站台门故障率：不应高于 0.8 次/万次。
7 磁浮道岔故障率：不应高于 0.8 次/万列千米。
8 售票机可靠度：不应小于 98%。
9 储值卡充值机可靠度：不应小于 98%。
10 检票闸机可靠度：不应小于 99%。
11 电梯可靠度：不应小于 99%。
12 自动扶梯可靠度：不应小于 98.5%。

5 行车组织

5.1 一般要求

5.1.1 行车组织应集中管理、统一指挥、逐级负责。

5.1.2 行车组织工作应实行 24h 工作制。

5.1.3 运营单位应制订正常情况、非正常情况和应急情况下的行车组织方案。运营单位应根据行车线路的封闭方式、范围、线路条件、设备条件等制订相应的细则，按照行车组织规则及其细则做好行车组织工作。

5.1.4 中低速磁浮交通正常情况下应按列车运行图组织行车。

5.1.5 运营单位应对列车运行速度进行规定，并按规定的速度组织列车运行，列车运行速度不得超过允许的最高运行速度。

5.1.6 行车时间以北京时间为准，从零时起计算，实行 24h 制；行车日期划分以零时为界，零时以前办妥的行车手续，零时以后仍视为有效。

5.2 列车运行调度

5.2.1 运营单位应根据运营线路路网规模，设一个或多个运营控制中心，承担日常运营调度指挥工作。

5.2.2 运营单位应根据线路设计运能、客流需求和设备技术条件，编制列车运行图，并应明确开行列车数、首末班车时间、区间运行时间、列车停站时间、列车折返时间等参数，以及运行限速、列车运行交路等技术要求。

5.2.3 运营单位应根据中低速磁浮交通沿线乘客出行规律及变化，以及其他相关线路的列车运行情况，及时调整和优化列车运行图。

5.2.4 运营单位应根据运营业务需要，结合线路情况合理设置调度岗位并赋予相应职责，明确岗位工作职责和技能要求，制订各岗位工作计划和流程。

5.2.5 正常情况的列车运行调度基本原则：
1 行车有关人员应服从行车调度员指挥，执行行车调度员命令。
2 指挥列车在正线运行的命令和指示，只能由行车调度员发布。
3 行车调度员应严格按列车运行图指挥行车，并根据运营需要适时采取有效措施调整列车运行秩序。

5.2.6 非正常情况的列车运行调度基本原则：
1 运营单位应制订非正常情况下列车运行调度的操作流程和安全注意事项，发生设备设施故障后，应迅速采取有效措施或依据应急预案进行处置，在确认行车条件允许的情况下，最大限度地维持列车运行。
2 因运营调整需要，在采用区间限速、扣车、越站、反方向运行、退行等非正常行车方式行车时，列车运行调度应按《城市轨道交通行车组织规则》（JT/T 1185—2018）的相关要求执行。
3 发生计轴区段非正常占用、道岔故障、信号设备故障、接触轨故障、站台门故障、车辆故障等设备故障时，列车运行调度应按《城市轨道交通行车组织规则》（JT/T 1185—2018）的相关要求执行。

5.2.7 应急情况的列车运行调度基本原则：
1 发生突发事件后，运营单位应按规定立即启动相应的行车应急预案，采取应急抢险措施，在确认行车条件允许的情况下，最大限度地维持列车运行。
2 发生列车冲突、人员非法进入行车区域、区间疏散等运营突发事件时，列车运行调度应按《城市轨道交通行车组织规则》（JT/T 1185—2018）的相关要求执行。
3 发生气象灾害、地震等自然灾害时，列车运行调度应按《城市轨道交通行车组织规则》（JT/T 1185—2018）的相关要求执行。
4 发生社会安全治安事件时，列车运行调度应按《城市轨道交通行车组织规则》（JT/T 1185—2018）的相关要求执行。

5.3 车站行车组织

5.3.1 车站行车组织工作应包括：监控行车设备运转状态，收集信息并上报运营控制中心，执行行车调度员命令，与列车驾驶员执行联控措施。

5.3.2 运营单位应制订车站行车工作细则，内容应包括：车站行车技术设备的使用、管理，接发列车、调车以及与行车有关的客运工作组织，技术作业程序和作业时间，并附车站线路平面图、联锁图表及接触轨分段绝缘器位置等技术资料。

5.3.3 车站应将车站行车工作细则按专业岗位摘录分发；车站行车工作相关人员，应遵守车站行车工作细则规定。

5.3.4 列车停站时分超过规定时间时，车站值班员应向行车调度员报告。

5.3.5 列车到站进行折返作业时，列车驾驶员应按车站行车工作细则作业。

5.3.6 信号系统出现故障的情况下，车站应根据行车调度员的命令，准备列车进路，办理接发列车手续。

5.4 车辆基地行车组织

5.4.1 车辆基地行车由车辆基地调度员统一指挥，并由其负责车辆基地日常运营和设备维修组织等工作，车辆基地的其他工作人员应服从车辆基地调度员的指挥，按照各自职责开展工作。

5.4.2 车辆基地调度员应按车辆基地管理制度和调车作业规程办理作业。

5.4.3 车辆基地应确保运用车状态良好，符合列车上线有关标准；应确保备用车状态良好，并停放在车辆基地运用库指定位置，做好随时发车准备。

5.4.4 车辆基地内作业应优先接发列车；接发列车时，应提前停止影响接发车进路的调车作业；发车时，应按规定时间提前开放发车信号。

5.4.5 车辆基地接发列车应灵活运用股道，做到正点发车，不间断接车，减少转线作业。

5.4.6 车辆基地调度员应按照接发列车计划、调车作业计划组织接发列车工作，准确及时地准备进路。

5.4.7 发车前，车辆基地调度员应在检查确认进路、道岔位置正确，确认影响进路的调车作业已经停止后方可开放发车信号；接车前，车辆基地调度员应在检查确认接车线路空闲，进路、道岔位置正确，确认影响进路的调车作业已经停止后方可开放接车信号。

5.4.8 线路规模不大且车辆基地与运营控制中心建在同一处地方时，运营单位可根据实际情况，在保证安全运营的前提下，将车辆基地与运营控制中心的调度岗位相结合，灵活配置岗位和人员，但应覆盖相应岗位职责内容。

5.5 磁浮列车驾驶

5.5.1 列车驾驶员负责正线、配线和车辆基地内的列车驾驶，应安全、正点完成驾驶作业任务。

5.5.2 列车驾驶员应根据列车运行图，严格执行调度命令，按信号显示要求行车，不得臆测行车。

5.5.3 列车驾驶员应熟悉正线、配线和车辆基地线路、信号、股道、道岔状况和限速规定。

5.5.4 列车驾驶员出勤前应充分休息，不得饮酒或服用影响精神状态的药物；出勤时应按规定着装，携带驾驶证、驾驶员日志、手电筒等行车必备物品，不得携带与工作无关的物品。

5.5.5 列车驾驶员在出勤前，应抄写调度命令、值乘计划及当日行车安全注意事项，了解车辆、线路技术状况，做好行车预想。

5.5.6 列车驾驶员在车辆基地出勤前，应熟知值乘车号、车次、列车停放股道等信息，领取列车钥匙等物品。

5.5.7 列车驾驶员在车辆基地出勤前应进行列车整备作业，包括以下内容：
1 列车驾驶员应检查确认列车走行部位、悬浮电磁铁、直线电机、电器箱体及车体外观等无异常，确认车辆限界内无人员及异物侵入。
2 列车驾驶员应做好列车检查和试验，确保列车在投入运营前的技术状态良好。
3 列车驾驶员应对两端驾驶室进行检查，确认操作手柄、开关处于规定位置，灭火器、随车工具等备品齐全、封条完好。

5.5.8 列车驾驶员在驾驶列车时，应满足以下要求：
1 应精神集中，加强瞭望，注意观察仪表、指示灯、显示屏的显示和线路状态。
2 应严格执行呼唤作业规定，手指眼看口呼唤，做到内容完整、时机准确、动作标准、声音清晰。
3 运行中发生列车故障或发生危及运营安全情况时，应按相应预案要求果断处理。

4 接到调度命令时,应逐句复诵,确认无误后认真执行;对调度命令有疑问时,应核实清楚后再认真执行;换班时,应准确交接调度命令。
5 其他人员需登乘列车驾驶室时,应认真查验其登乘凭证并做好记录。

5.5.9 列车驾驶员在运行中发现有影响行车的障碍物、区间有人员、线路有异常等情况时,应果断停车,并将情况立即报告行车调度员,按行车调度员指示处理。

5.5.10 列车发生故障时,列车驾驶员应按行车调度员指令采取措施。列车发生突发事件时,列车驾驶员应及时通过列车广播向乘客说明情况。

5.5.11 列车驾驶员退勤时,应满足以下要求:
1 交回行车备品,汇报运行情况,确认下次出勤时间及地点。
2 驾驶过程中如有发现列车故障,要将故障及处理情况如实报告。
3 按要求做好相关书面登记和记录。

5.5.12 运营单位应对列车驾驶员进行信号系统各降级模式下的驾驶培训和演练,列车驾驶员应能根据车载信号、地面信号、线路标志及调度命令等信息人工驾驶列车,具备在信号系统故障降级模式下的应急响应能力。

5.5.13 运营单位应合理制订乘务组织计划,保证列车驾驶员两次值乘之间有充足的休息时间,避免疲劳驾驶;在线路上的合适车站应设有列车驾驶员休息、就餐的处所及卫生间等设施。

6 客运组织

6.1 一般要求

6.1.1 运营单位应制订服务质量管理、票务管理等客运服务制度，根据列车运行图、车站设施设备和人员具体情况等编制客运组织方案。

6.1.2 运营单位应建立公共卫生管理制度，保持车站、车厢整洁卫生。

6.1.3 运营单位应确保磁浮交通线路的全天运行时间不少于主管部门规定或合同约定时间。

6.1.4 当有两条及以上具有换乘功能的运营线路时，应具备乘客一次购票或购卡连续乘坐不同线路的功能，实现线网一票或一卡通用功能。

6.1.5 运营单位宜采用大数据分析技术、移动互联网技术等先进技术及其有关设施设备，提升服务质量。运营单位应当保证乘客个人信息的采集和使用符合国家网络和信息安全有关规定。

6.1.6 车站应提供现场问询服务。

6.2 客运组织管理

6.2.1 车站实行层级负责制，宜分为：站长、值班站长、车站值班员、站务员。

6.2.2 站长代表运营单位在车站行使属地管理权，应做好以下工作：
 1 组织领导车站员工开展工作，根据工作目标和工作要求，制订车站工作计划。
 2 全面负责车站的安全管理工作，定期组织开展车站安全宣传、安全教育和安全检查工作，落实车站安全隐患的整改措施。
 3 全面负责车站的客运服务工作，监督指导车站客运服务人员为乘客提供优质服务。

6.2.3 值班站长服从站长领导，应做好以下工作：

1 组织本班员工开展工作，及时按程序要求向站长汇报工作情况。

2 负责本班车站运营组织工作，服从运营控制中心调度员指挥，组织执行相关调度命令。

3 负责本班安全工作，车站发生突发事件时，根据应急预案和上级指令及时采取措施。

4 负责本班服务工作，监督指导车站客运服务人员为乘客提供优质服务。

5 负责巡视、检查车站设施设备状况，发现故障、异常情况及时处理和报告。

6.2.4 车站值班员服从值班站长领导，应做好以下工作：

1 开展车站行车组织工作，服从运营控制中心调度员指挥，执行相关调度命令。

2 负责操作、监控车站行车相关设施设备，监视乘客乘降，掌握车站客流情况，发现故障、异常情况时，及时与调度员进行联系，并按有关程序处理和报告。

3 负责车站施工作业登记及施工安全管理。

4 负责记录交接班事项和其他需要记录的事项。

6.2.5 车站原则上应设立包括售票、站厅巡视、站台巡视等岗位，各岗位人员职责分别为：

1 售票人员负责售票、处理与乘客相关的票务事务、填写票务报表，负责售票厅内设备、备品管理。

2 站厅巡视人员负责巡视站厅区域内的消防设备、乘客信息服务设备、自动售检票设备、标志标识、照明设备、电梯、自动扶梯等服务设施设备及可疑物品或人员，注意乘客进出站情况，及时主动向有需要的乘客提供服务。

3 站台巡视人员负责巡视站台区域内的消防设备、乘客信息服务设备、标志标识、照明设备、电梯、自动扶梯、站台门状态、站台候车椅等服务设施设备及可疑物品或人员；负责按站台接发列车规范接发列车，监视列车运行状态、乘客候车及上下车状态，提醒乘客注意安全，进行乘客疏导，及时处理站台区域发生的突发事件，及时主动向有需要的乘客提供服务。

4 运营单位可根据实际情况对以上车站客服岗位职责和人员进行调整、归并，但应覆盖以上岗位职责内容。

6.2.6 运营单位应确保客运服务设施完好、标志标识明显，并满足以下要求：

1 运营单位应在车站和列车上设置运营线路图，提供首末班车时间、运行方向、到站和换乘等信息，并在站台上向乘客提供列车到达时间。

2 运营单位应确保车站照明、通风、制冷供暖、电扶梯、自动售检票、站台门、卫生间和无障碍设施等客运服务设施设备完好、正常，并配置醒目、明确、规范的标志标识。

3 车站各类导向标志应清晰、完整，并保持正常工作状态，在通道、出入口明显位置设置清晰的导向标志引导客流进站、换乘、出站；车站应设置禁入标志，明示禁入区域，并设有阻挡外界人、物进入的防范措施。

4 车站广告、商业设施、宣传品的设施不得遮挡标志标识，不得影响车站行车和客运组织。

5 车站不设站台门时，应在站台设置醒目的安全警示标志。

6.2.7 运营单位应根据车站客流情况，做好客流组织工作，加强巡查管理，并满足以下要求：

1 应优化车站客流组织，合理设置安检，保证乘客进出站顺畅，避免进出站客流交叉。

2 应做好车站管理区域的巡查和管理。

3 客流高峰时段应加强客运疏导服务，维持乘车秩序。

4 发生突发客流影响行车安全或乘客人身安全时，应及时采取控制措施，保障乘客安全和运营秩序。

5 发生紧急情况时，应采取控制措施防止事态扩大。

6.2.8 运营单位应采取多种宣传形式，向乘客宣传客运服务有关事项和安全知识，并满足以下要求：

1 广播用语应以普通话为基本服务用语，宜提供英语、方言服务，表达规范、清晰、准确。

2 车站应广播文明候车、安全乘车等信息；列车进站时，车站应广播列车开行方向、安全乘车等信息；换乘站应广播换乘信息。

3 列车到站时，列车应广播到达站站名及左右侧开门信息；列车启动后，列车应广播前方到站站名及左右侧开门信息，前方到站为换乘站时，应广播换乘信息。

4 列车车门开关时，应通过声音和警示灯，提醒乘客注意安全。

5 发生需要清客、不停车通过车站等情况时，应及时告知乘客。

6 发生突发事件时，应通过广播系统、乘客服务系统和专人引导等方式，引导乘客快速疏散，并向乘客做好解释工作。

7 需组织停运或改变运输组织方式时，应及时向相关主管部门报告并向社会公告。

6.2.9 运营单位应在车站出入口位置张贴禁止携带易燃易爆化学危险品进站乘车的警告标志。发现有携带易燃易爆化学危险品的乘客，运营单位应禁止其进站乘车。运营单位因工作需要携带易燃易爆化学危险品的人员，应乘坐专用列车或乘坐其他符合安全运输规定的运输工具，进出站时和运输途中应做好安全防护措施。

6.2.10 运营单位对车站内无人认领的物品，应立即进行安全检查。如发现易燃易爆化学危险品,应及时进行处理及隔离,必要时向有关部门报告。

6.3 客运组织服务

6.3.1 客运组织服务范围包括:
1 维护车站秩序,组织乘客有序乘降。
2 提供售票、检票、充值、退票、补票等票务服务。
3 处理乘客投诉、乘客纠纷,回答乘客问询。
4 提供无障碍乘车服务。

6.3.2 运营单位应加强服务管理,改进和提高客运服务质量,并应采取以下措施:
1 加强员工培训,培养爱岗敬业和优质服务意识。
2 提高员工的服务技能和业务水平。
3 建立与乘客沟通渠道,加强与乘客沟通。
4 建立投诉监督机制,接受社会监督。

6.3.3 运营单位应制订明确的客运组织服务标准,为乘客提供符合规范的服务设施、候车环境和乘车环境。

6.3.4 运营单位应加强服务质量考核与管理,完善考核管理制度,定期开展考核工作,定期开展或委托第三方进行乘客满意度调查,并对发现的问题及时进行整改。

6.3.5 运营单位应在站厅、站台和列车内显著位置公布监督投诉电话。

6.3.6 运营单位接到乘客投诉后,应在24 h内处理,7个工作日内处理完毕,并将处理结果告知乘客。

6.3.7 运营单位应设置受理和处理乘客投诉的机构和人员。

6.4 票务管理

6.4.1 票务管理应满足以下一般要求:
1 自动售票机或售票处、检票闸机等附近应有醒目、明确的操作说明或相应的标志、图示,方便乘客购票、检票。
2 人工售票、充值或售卡过程中,售票员应唱收唱付,做到准确、规范。
3 对符合免费乘车规定,并持有效乘车证件的乘客,应验证后准乘。
4 在特殊情况下,应及时采取有效措施,为乘客进行必要的票务处理。

6.4.2 票务设施应布局合理、满足客流通过能力和疏散要求，运营单位应确保票务设施安全可靠、状态完好。票务设施发生故障无法使用时，应有明显的标志引导乘客使用其他可用设施，必要时，检票闸机通道应处于全开通的状态。

6.4.3 票务管理人员应按照操作规程操作票务设施设备，不得违规操作。

6.4.4 运营单位应按要求制订年度票务工作计划，对票务运作情况进行抽样检查，监督、评估票务运作管理的工作质量。

6.4.5 运营单位应制订完善的票务安全管理制度，对在票务运作中发现的票务漏洞、隐患、违章情况，及时采取措施进行管理、控制，保障票务运作总体顺畅、收益安全可控。

6.4.6 运营单位应制订完善的票务应急处理制度，在发生票务设备故障或其他相关运营应急事件时，票务管理人员应按照应急处理制度采取应急抢险措施，防止事态扩大，减少对运营的影响。

7 车辆及车辆基地管理

7.1 一般要求

7.1.1 车辆及车辆基地管理制度应结合磁浮车辆相应特点制订，并满足磁浮交通运营管理的相应要求。

7.2 车辆运用及维护

7.2.1 运营单位应根据线路运营需要，制订运用车、检修车和备用车计划。

7.2.2 车辆应定期维护，保持技术状态良好、设备齐全。

7.2.3 磁浮车辆运营前应进行检查，保证车辆状态良好。磁浮车辆悬浮控制系统、直线电机系统等特有系统应具备故障自诊断和检测功能，且运营前应按规定检查，保证系统功能良好。

7.2.4 列车内应设置安全标志、引导标志、无障碍设施、广播设备和灭火器等标志和设施设备。

7.2.5 车辆履历本、列车驾驶员操作手册、故障诊断手册等资料应齐全。

7.2.6 运营单位应按照《中低速磁浮交通设计规范》（CJJ/T 262—2017）和《中低速磁浮交通车辆检修规程》（Q/CRCC 33804—2019）的要求，根据车辆实际技术状态、行走里程、使用时间确定检修周期，制订检修规程，可采用日检、双周检、三月检、定修、架修或大修等修程。

7.2.7 车辆涉及委外的修程，运营单位应提前与委外单位沟通协调，制订车辆委外检修计划。

7.2.8 运营单位应根据车辆技术手册、检修规程、场地、人员等条件编制车辆维修操作文件。

7.2.9 车辆维护与维修应加强与信号、通信等系统的协调与配合，统筹考虑车载信号设备、车载通信设备的维护。

7.2.10 运营单位应建立车辆维修档案管理制度，包括车辆维修与维护手册、易损易耗件目录、部件功能描述技术文件、车辆电器部件接线、车辆各系统电路图、车辆布线图、车辆部件拆装工艺和流程等，严格记录和存档车辆维修、使用信息，重要维修记录应至少保存 5 年。

7.2.11 运营单位应制订列车卫生保洁制度，规定列车车体和客室的保洁周期，定期对列车进行保洁。

7.2.12 运营车辆保有量应按设计年度运能规模配置。当客运量规模预计达到设计年度计划，应提前购置所需车辆，并补充完善相应配套设施。

7.3 车辆基地

7.3.1 车辆基地的设置应满足行车、维修和应急抢修的需要。

7.3.2 车辆基地的设施设备配置，应满足以下要求：
1 配备应急所需的救援设备和器材，并确保其处于良好工作状态。
2 备品备件、特殊工具和仪器仪表种类齐全。

7.3.3 车辆基地周界应设围蔽设施；试车线与周围建（构）筑物之间，应有隔离设施；车辆基地有电区和无电区之间应有隔离设施；库内车顶作业平台两侧应设安全防护设施；车顶作业面上方宜设安全防护设施。

7.3.4 车辆基地应具有进行列车清扫、洗涤的专用场所，并根据洗车作业需要，合理配置相应的设施设备。

7.3.5 在寒冷地区，车辆基地应具备车辆存放的供暖条件。

7.3.6 车辆基地内设置的物资总库，应满足运营需求；其中危险品存放应设专用空间，并严格管理，确保安全。

7.3.7 运营单位应保证大型物件运输出入车辆基地的通道及装卸场地畅通。

7.3.8 运营单位应严格履行试车程序，无试车线情况下可利用正线进行必要的试车，车辆达到运营要求后方可上线载客运营。

7.3.9 车辆检修设备的使用管理，应满足以下要求：

1 由专人负责管理建立设备台账、履历簿、操作手册，对各类设备分别制订管理制度，建立各级检修维护规程和工艺流程。

2 保持良好状态，并由专业人员保养维修。特种设备应由具备资质的专业单位负责维护维修，并按规定进行安全检测。

3 检修设备上的计量器具，应按照规定的周期进行计量检定。

8 系统设备管理

8.1 一般要求

8.1.1 系统设备管理范围包括供电系统、磁浮道岔、信号系统、通信系统、自动售检票系统、火灾自动报警系统、环境与设备监控系统、通风空调与采暖系统、消防及给排水系统、电梯、自动扶梯和站台门等。运营单位应建立以上系统设备的台账，包括设备名称、数量、分布地点、接收时间、预计使用寿命和备品备件清单等内容。

8.1.2 运营单位应保障设施设备技术状态良好，功能使用正常，无侵限现象。

8.1.3 运营单位不得随意对系统设置进行修改，不得干预系统设备正常运行，不得随意在系统中使用与系统运行无关的存储介质及软件，防止病毒对系统的干扰，保证各系统软件安全运行。

8.1.4 运营单位应制订各系统设备的维修规程和作业指导书，应对磁浮交通线路沿线控制保护区域内的设施设备进行日常巡查、测试和维修，保障设施设备技术状况良好和运行正常。

8.1.5 线路成网运营后，运营单位可建立集中式的综合运营维修基地，也可将线网划分成不同区域，实行区域化维修管理。

8.1.6 设备维修方式可分为计划修、状态修和故障修三种。
  1 计划修：运营单位应制订设备检修周期，明确检修范围和内容，并制订日常保养、小修、大修等流程。
  2 状态修：运营单位应根据设备有关元器件、部件的使用寿命特点，结合实际使用经验，采取主动更换元器件、部件及其他维护性工作等措施，保持设备状态良好。
  3 故障修：设备或部件出现故障导致其全部或部分使用功能丧失时，运营单位应进行修复性工作。直接影响行车的，且无备用的设备，不应采取故障修方式。
  4 运营单位应根据不同设备的使用特点，逐步实现由计划修向状态修的转变。

8.1.7 设备维修管理模式可分为自主维修和委外维修两种。考虑设备对行车因素的影响的重要程度，信号系统设备的维修宜采取自主维修方式；特种设备、高电压等级的电力设备宜采取委外维修保养；通信系统、自动售检票系统、火灾自动报警系统、环境与设备监控系统、通风空调与采暖系统、消防及给排水系统、电梯、自动扶梯、站台门等其他设备系统，根据实际情况选择合适的维修管理模式。

8.1.8 对采取委外维修模式的，运营单位应能有效控制维修活动，且维修活动不应影响运营安全。

8.1.9 运营单位应对运营期间的现场施工作业进行严格管理，特别是轨行区设施设备的运营维护作业。应制订专门的管理规定和操作规范，严格施工作业纪律，加强现场施工安全防护和施工结束后的线路出清检查。

8.1.10 运营单位应明确维修施工组织模式，根据施工作业影响范围和时间，划分施工计划的类别，明确施工维修作业的手续和凭证，对施工计划执行情况进行统计分析。影响行车的施工计划，应经运营控制中心行车调度员确认后方可进行维修施工。

8.1.11 运营单位应保持设施设备的采购合同、安装调试验交手册、竣工资料、操作手册、维修维护手册、图纸和培训手册等基础资料完整。

8.1.12 备品备件的配置应满足以下要求：
1 应结合设备系统生命周期、应用经验数据、历史故障统计等情况，合理确定备品备件种类和数量，既要确保满足初期运营需求，又要经济合理。
2 在系统生命周期内正常使用情况下不出现故障或极少出现故障的设备，配置少量或暂不配置备品备件。
3 已成熟且运行稳定的成套设备，只对其中部分关键部件提供备品备件。
4 故障率较高的设备适当增加备品备件的数量。
5 运营过程中易损易耗关键部件适当增加备品备件的数量。
6 对于非标准产品、进口或国内采购来源单一的设备和重要零部件，适当增加备品备件的数量，并且需考虑供应来源的延续性和可替换性。

8.1.13 在新线或延长线工程建设期，运营单位应提前介入各专业系统用户需求、技术规格、设计联络等相关工作，为项目后期运营维护创造有利条件。

8.2 供电系统

8.2.1 运营单位应按照检修规程进行巡视与维护，确保供电系统不间断运行。巡视和维护的对象包括主变电所或电源开闭所、牵引降压混合变电所、降压变电所、中压环网、接触轨、电力监控系统、外电源电缆等设施设备。

8.2.2 运营单位应对接触轨进行状态监测，并满足以下要求：

1 定期对接触轨进行巡视，对接触轨外观等情况进行检查，对巡视检查中发现的影响行车安全的缺陷，应立即处理；对一般性缺陷，应纳入检修计划，及时处理；遇有大风、暴雨、大雾、大雪等恶劣天气，运营单位应加强巡视。

2 定期对接触轨进行检测，利用测量仪器等，在静止状态下测量接触轨的技术状态；宜利用动态检测装置，在运行中测量接触轨的技术状态；准确记录检测结果，做好数据分析，及时处理问题；定期对接触轨进行维护，并根据接触轨状态进行必要的参数调整、零部件紧固和更换等。

3 发生事故或自然灾害后，应对接触轨的状态变化、损伤、损坏情况进行全面检查。

8.2.3 运营单位应对电能质量进行监测，同时对电能进行计量、统计和分析，并采取相应的节能措施。

8.2.4 低压 AC380/220V 插座的电源应与照明电源分路供电，不得超负荷运行。

8.2.5 运营单位不得擅自增加用电负荷或向其他单位转供电。

8.2.6 运营单位应确保接地和安全的标志齐全、清晰，配备必要的安全、维护工具，并实施到位。

8.2.7 运营单位应确保电力监控系统功能完善，并具备遥控、遥信和遥测功能。

8.2.8 运营单位应确保供电系统继电保护自动装置完好，设备故障时应确保实现投入或退出保护功能。

8.2.9 运营单位应核实变电所外部是否满足防火要求、具备巡视和检修条件。

8.2.10 运营单位应确保变电所内、外部设备间整洁，设备间距符合规定。

8.2.11 运营单位应确保变电所内电缆沟及隐蔽工程内整洁、无杂物；应及时封堵电缆孔洞，安装防鼠板，悬挂电缆走向标示牌。

8.2.12 运营单位应确保人员通行、停留和工作场所的常规照明和应急照明有效。

8.2.13 运营单位应建立完善的供电系统基础资料档案管理制度，包括维修与维护手册、配线图、模块电路图、设备台账、部件功能描述以及备品备件清单等。

8.2.14 运营单位应根据供电设备沿线分布特点，合理配置或委托供电系统维修班组，并应确保发生故障时其能够快速反应、及时处理。

8.2.15 运营单位应建立灾害应急处理机制、日常安全维护制度、紧急状况定期演练机制，并加强安全教育，确保运营安全。

8.3 磁浮道岔

8.3.1 磁浮道岔包括道岔梁、台车、铰轴连杆、驱动装置、锁定装置、基础和电控系统等系统和部件，运营单位应确保道岔的各个系统和部件良好、运行稳定。

8.3.2 在进行道岔维护、维修、检测前应做好以下工作：
1 熟悉道岔维护规程，按规程进行巡视、检测等工作。
2 道岔巡视、检测人员应具有上岗资格证。
3 进入道岔区前应确保已断电，并可靠接地。

8.3.3 运营单位应根据日常检修、定期检修和大修对道岔的各个部件及机构进行巡视、检测和维护。

8.3.4 运营单位应根据检修规程制订相应的维护计划，并根据维护内容进行机械人员和电气人员的安排。

8.3.5 运营单位应配置所需的专用工具和测试设备，按相关规章制度和操作办法组织作业。

8.3.6 运营单位应制订工作职责和维护、维修管理办法，建立日常维护、维修记录和设备维修台账等。

8.3.7 运营单位应制订道岔维修计划，明确设备检修周期并严格执行。

8.3.8 磁浮道岔应按一级负荷供电，并采用双路电源。

8.3.9 运营单位不应擅自增加用电负荷或向其他单位转供电。

8.3.10 运营单位不应擅自更改或改变道岔的结构或控制逻辑。

8.3.11 电控柜钥匙应统一管理，借用、归还钥匙应登记。

8.3.12 运营单位应建立道岔的基础资料档案管理制度，包括道岔使用说明书、易损易耗件清单、工具清单和电路图纸等。

8.4 信号系统

8.4.1 信号系统包括运营控制中心、车站、车辆基地、轨旁、车载等的系统设备，运营单位应确保信号系统设备良好、稳定运用，满足行车调度、安全保障的需要。

8.4.2 运行管理模式应与所选用的信号系统制式、功能及系统构成相匹配。

8.4.3 运营单位应根据信号系统技术水平以及线路参数、车辆性能和道岔限速等确定线路通过能力和折返能力，合理制订行车计划，并应进行相关能力测试。

8.4.4 运营单位应确保信号设备机房的温度、湿度和防电磁干扰满足《城市轨道交通信号系统通用技术条件》（GB/T 12758）的要求。

8.4.5 运营单位应根据信号系统运用特点，建立日常巡查、测试与检修制度，编制运营维护手册，制订信号设备维修维护计划，并应根据设备运行状况及故障情况及时调整。

8.4.6 负责信号系统操作及维护的人员应记录信号系统设备状态，生成故障统计报表。运营单位应对信号系统的设备监控和报警信息进行专项分析和整理。

8.4.7 信号维修班组的设置应充分考虑信号设备沿线分布特点，宜在车辆基地、运营控制中心、折返站和主要设备集中站安排专人值班，负责信号系统的维护。

8.4.8 信号设备故障修复后，应检查相关设备开关、铅封的状态，并由相关人员负责复原。

8.4.9 轨道占用状态检测设备故障时，相关状态和设备人工复位功能的使用应严格遵循相关的规章制度和作业流程。

8.4.10 运营单位应建立信号系统的基础资料档案管理制度，包括竣工图、维修与维护手册、技术规格书、配线图、模块电路图、设备台账、软件版本记录和设备易损件清单等，宜将系统设备台账管理功能纳入信号维护监测子系统。

8.4.11 运营单位不得擅自减弱、变更信号系统中涉及行车安全的硬件及软件设备配置；必须变更时，应对变更部分及相关环节进行安全认证。

8.5 通信系统

8.5.1 通信系统包括传输、公务电话、专用电话、无线通信、广播、时钟、视频监视、乘客信息、办公自动化等系统设备，运营单位应确保各系统设备正常运转，原则上24h不间断运行，满足调度指挥、信息传送和安全保障的功能要求。

8.5.2 通信系统应按一级负荷供电，通信电源应集中监控管理，并应保证后备供电时间不少于2h。

8.5.3 运营单位应确保通信设备机房的温度、湿度和防电磁干扰满足《中低速磁浮交通设计规范》（CJJ/T 262—2017）的要求。

8.5.4 录音设备应实时对调度电话、无线调度电话进行不间断录音，录音资料应至少保存三个月。

8.5.5 视频监视系统应为调度员、车站值班员和列车驾驶员等提供有关列车运行、防灾救灾和乘客疏导等方面的视觉信息，系统应进行不间断录像，录像资料应至少保存90天。

8.5.6 需要加锁、加封的通信设备，应确保加锁、加封可靠，并由使用设备的人员负责保证其完整。加封设备启封使用时，应登记；加封设备启封使用后，应及时加封。

8.5.7 通信设备保养与维修班组应配置所需的专用工器具、仪器仪表。

8.5.8 运营单位应制订通信设备维修管理办法和维修计划，并严格执行。

8.5.9 运营单位应对通信系统的基础资料档案进行统一管理，建立维修与保养手册、系统与设备技术规格书、配线图、模块电路图等资料库。

8.5.10 运营单位应建立设备及设备维修台账，详细记录日常维修、设备故障等情况。

8.6 自动售检票系统

8.6.1 自动售检票系统的性能和使用要求应符合《城市轨道交通自动售检票系统技术条件》（GB/T 20907）的规定，运营管理标准应满足高峰小时客流量的需要和各种运营模式的要求。

8.6.2 检票闸机应采用声光手段进行运行状态提示、通行情况提示；在应急情况下，所有检票闸机应处于紧急放行状态。

8.6.3 运营单位应制订自动售检票系统的设备维修计划和维修模式，根据设备状态及实际运营情况确定设备检修项目的实施周期和修程。

8.6.4 自动售票机的维修范围应包括单程票以及储值票处理模块、硬币模块、纸币模块、主控单元、运营状态显示器、电源模块、不间断电源（Uninterruptible Power System，简称UPS）和蓄电池、读写器等；检票闸机的维修范围应包括票卡回收模块、扇门机构、通行逻辑控制器、传感器、主控单元、电源模块、UPS和蓄电池、读写器、紧急控制模块等。

8.6.5 运营单位应根据竣工资料和运营维护需要建立包括系统维修与保养手册、设备功能与技术手册、配线图、设备台账等的自动售检票系统基础资料档案及相应管理规章制度。

8.7 火灾自动报警系统

8.7.1 火灾自动报警系统（Fire Alarm System，简称FAS）包括火灾探测报警系统、消防联动控制系统、电气火灾监控系统、消防电源监控系统等子系统，应设置消防控制室。

8.7.2 运营单位应对火灾自动报警系统设备及相关系统接口进行日常检修和维护，确保火灾自动报警系统正常运行，防止误报和漏报。

8.7.3 火灾自动报警系统应按一级负荷供电，设置交流电源和蓄电池备用电源。备用电源蓄电池组的容量应保证火灾自动报警及联动控制系统在火灾状态同时工作负荷条件下连续供电3h以上。

8.7.4 运营单位应建立火灾自动报警系统的基础资料档案管理制度，包括系统竣工图、主机及现场接线箱的接线图和设备联动控制方案等，保证系统正常运行。

8.7.5 火灾自动报警系统设施投入使用后应处于正常工作状态，应能通过车站紧急控制盘对车站主要消防设施设备实现直接控制；因故障维修等原因需暂停使用的应有确保消防安全的有效措施，并经单位消防安全责任人批准。无人值守时，火灾自动报警系统应处于自动状态。

8.7.6 维修班组应制订工作职责与维修管理办法，建立日常维修记录、设备及设备维修台账和故障记录等，从事 FAS 维护检修工作的单位和人员应具备相应的资质。

8.7.7 应根据 FAS 设施操作使用要求制订操作规程，明确操作人员；FAS 值班人员应通过消防行业特有工种职业技能鉴定，持有初级技能及以上等级的职业资格证书。

8.7.8 火灾自动报警系统的运营管理除应符合本标准的规定外，尚应符合《建筑消防设施的维护管理》（GB 25201）及《城市轨道交通运营管理规范》（GB/T 30012）的有关规定。

8.8 环境与设备监控系统

8.8.1 运营单位应建立环境与设备监控系统（Building Automatic system，简称 BAS）的基础资料档案管理制度，包括竣工图、操作手册与保养手册、日常维修记录以及故障记录和分析等。

8.8.2 对环境与设备监控系统工作站进行软件加载和系统数据备份、存档，应达到软件加载正常、系统数据完整、存档规范的要求。

8.8.3 运营单位应对环境与设备监控系统设备及相关系统接口进行日常巡查、测试、检修和维护，应制订详细维修计划，确保系统正常运行；系统维护检修管理的范围包括环境与设备监控系统工作站、服务器、UPS、打印设备、综合后备盘（Intergrated Back-up Panel，简称 IBP）、控制器、输入输出模块、传感器。

8.8.4 环境与设备监控系统的运营管理除应符合本标准的规定外，尚应符合《城市轨道交通运营管理规范》（GB/T 30012）的有关规定。

8.9 通风、空调系统

8.9.1 运营单位应制订正常运营、列车阻塞、火灾、紧急情况下的各类通风模式，与环境与设备监控系统统一协作，及时启动相应的模式，确保通风系统功能正常使用。

8.9.2 运营单位应设置合理的通风、空调与采暖方式，充分利用自然冷、热源，以满足节能要求。

8.9.3 运营单位应确定设备检修项目的实施周期和修程，制订设备维修计划和维修模式；系统设备新投入运用以及高低温季节、高湿度季节、气候异常时，应适当加强巡检。

8.9.4 通风、空调系统的运行，应确保隧道、车站内的环境温度、湿度、二氧化碳浓度和新鲜空气供应量均符合相关设计标准的规定。

8.9.5 通风、空调系统的维修与保养，应能保证系统正常运行，为设备正常工作提供必需的温、湿度环境。

8.9.6 通风、空调系统操作人员应接受专业培训、掌握设备性能、熟知设备操作规程。

8.9.7 水泵、冷水机组运行，应符合以下要求：
1 运行前，应检查各部件功能是否正常；检查电源、电压是否满足机组运行要求；检查水质是否符合要求。
2 运行中，应注意设备运行状况，注意各仪表指示情况，检查进、出水温度及进、出水管压力是否在正常范围。

8.9.8 空调器及冷却塔运行，应符合以下要求：
1 运行前，应检查风机叶轮旋转方向是否顺畅，检查循环水道及入风通道是否清除干净，有无杂物，检查各部件连接螺丝是否良好、牢固。
2 运行中，应注意检查电流是否在正常范围值内，注意冷却塔风扇、风筒运行情况，检查空调器机组噪声、振动等是否有异常情况。

8.9.9 运营单位应建立通风、空调系统的基础资料档案管理制度，包括竣工图、操作手册、产品合格证、出厂检验试验报台、设备台账、维修与维护手册、日常使用状况及检修记录、设备故障记录、重大缺陷及处理记录和应急救援演练记录。

8.10 消防及给排水系统

8.10.1 运营单位应建立消防安全责任体系，明确消防安全职责，确定专、兼职消防安全员，落实消防安全措施，确保消防设施完好可用。

8.10.2 车站站厅内商业场所数量和占用面积应满足消防安全管理规定，乘客疏散区、站台及疏散通道内不应设有商业场所。

8.10.3 运营单位应确保用火安全，并满足以下要求：
1 隧道内不应堆放垃圾，并及时清理站厅、站台垃圾。
2 张贴禁止吸烟标志。
3 不得采用明火、电炉和电热采暖器采暖。
4 不得使用可燃气和明火。工程作业中需使用燃气设备和明火时，应按程序申报并取得动火令，采取必要的防火措施以及消防监护措施。

8.10.4 运营单位应确保消防设施不被擅自挪作他用或停运，消防器材和消防泵房内相关设备应配置齐全，消火栓箱门应有闭锁装置。

8.10.5 消防水泵具有手动、自动、远程控制三种控制方式。在火灾消防后，应对消防加压泵及其系统进行全面的检查。

8.10.6 消防给水系统应引接城市两路供水系统。运营单位应定期对消防给水的两路供水系统进行检查，确保当其中一路供水系统发生事故时，另一路供水系统应能满足全部消防用水量。

8.10.7 给水系统的水量、水压和水质应满足生产、生活和消防用水要求。运营单位应保证给水系统按设计规定方式运行，未经主管部门批准，不得任意改变给水管网上阀门的工作状态。

8.10.8 给水系统的配置应保证不间断地安全供水，运营单位应定期对给水系统进行检查和维护。

8.10.9 运营单位应建立完善的能源管理机制，管网内的自来水未经批准不得向外单位供水；杜绝长流水及跑、冒、滴、漏等现象。

8.10.10 运营单位应定期对水质进行化验，对水质不符合国家现行标准的，报相关部门并做好记录和存档。

8.10.11 运营单位应确保站外给排水系统及消防设施完好，并设置明显标志。

8.10.12 排水设施的配置应满足污水、废水和雨水分流排放要求。各种污水、废水的排放，应按要求进行监测，并应达到现行国家有关标准的排放规定。

8.10.13 运营单位应保持排水系统持续运行，保持排水管道畅通，定期清除集水池和化粪池的沉积物。

8.10.14 隧道口应设置雨水排水泵站，雨水量超过设计排水能力时，应及时采取相应的防洪措施。

8.10.15 运营单位应建立消防及给排水系统的基础资料档案管理制度，包括竣工图、设备台账、系统维修与维护手册、日常使用状况及检修记录、设备故障记录和统计分析等。

8.11 电梯、自动扶梯和自动人行道

8.11.1 电梯应符合《电梯制造与安装安全规范》（GB 7588）的相关规定，自动扶梯和自动人行道应符合《自动扶梯和自动人行道的制造与安装安全规范》（GB 16899）的相关规定，自动扶梯还应符合《城市轨道交通技术规范》（GB 50490）的相关规定。

8.11.2 电梯、自动扶梯和自动人行道应通过调试和安全测试，获得安全检验合格证和当地质监部门安全检验合格证。

8.11.3 电梯、自动扶梯和自动人行道应具有明显的安全警示和使用标志。自动扶梯出入口应有足够的通道空间。

8.11.4 电梯、自动扶梯运行应满足以下要求：
1 乘客应在电梯静止状态上下电梯，搭乘电梯时，请勿在乘轿厢内嬉戏、跳动，以免影响电梯正常运转。
2 除处置应急事件外，不应急动、急停。
3 客运电梯和自动扶梯不应载货，但旅客随身行包除外。
4 日常开启和关闭应由车站客运服务人员操作。
5 电梯操作装置应易于识别和方便使用，电梯对讲装置应工作正常、音质清晰。

8.11.5 发生火灾、地震时，电梯不得作为安全疏散设施使用，不得搭乘。

8.11.6 运营单位应在每天运营前对电梯和自动扶梯进行例行检查，确认电梯和自动扶梯外观完整无损，安全标志、标识齐全，运行正常、平稳、无异味、无异响、无异常

震动后方可开启。

8.11.7 电梯、自动扶梯例行检查应符合以下要求：
1 日常检查，自动扶梯及电梯安全管理人员每日对所管辖电梯进行日常巡视，记录自动扶梯及电梯日常使用状况。
2 月度检查，自动扶梯及电梯使用单位至少每月对电梯进行一次自行检查，并做出记录，主要检查自动扶梯及电梯安全附件、安全保护装置等是否可靠，发现问题应及时解决。
3 年度自检，自动扶梯及电梯运行一年后，需进行一次全面检查。年度自检主要检查自动扶梯及电梯在运行过程中的整机性能和安全设施性能。

8.11.8 运营单位应制订电梯、自动扶梯的设备维修计划和维修模式，确定设备检修实施周期，制订相应修程，并根据实际情况进行大修或改造。定期对井道、巷道内杂物和易燃物进行清理。

8.11.9 电梯、自动扶梯维修工作应由具有专业资质的维修队伍实施。维修完成后，应由维修人员负责试运转。

8.11.10 运营单位应建立电梯、自动扶梯的基础资料档案管理制度，包括设备台账、设备及其零部件和安全保护装置的产品技术文件产品合格证、出厂检验报告；安装、改造、移装、重大维修的资料；维修与维护手册、日常维修记录、操作手册、设备故障记录和统计分析等。

8.12 站台门系统

8.12.1 站台门应有足够的结构强度和运行可靠性，接地绝缘应等电位连接，后备电源应符合规范要求。运营单位应确保站台门系统工作正常。

8.12.2 站台门应具有系统级、车站级和手动操作三级控制方式。正常情况下，站台门应由信号系统或具备操作资格人员监控；站台门处于故障状态时，列车驾驶员接收到车站人员指示或行车调度员命令后，按照限速相关要求限速进站，进站时应加强瞭望；收到车站人员站台安全指示或行车调度员命令时，列车驾驶员启动列车离站。

8.12.3 站台门的手动开关应操作简单，应设有明显的安全标志和紧急情况中英文操作说明。

8.12.4 运营单位后期加装的防踏空胶条、防夹装置等不得侵限。

8.12.5 运营单位应对站台门进行日常检查,并满足以下要求:
1 门体外观完整无损,门体玻璃无划伤、裂痕。
2 开关平滑正常,无异响,无异味,无异常振动。
3 状态指示灯显示、蜂鸣器声音正常。
4 就地控制盘外观完好,安装紧固。

8.12.6 运营单位应制订站台门的设备检修计划和检修模式,确定设备检修实施周期,制订检修修程。站台门检修内容应包括门体结构、电源系统、控制及监视系统以及控制室内设备等。

8.12.7 运营单位应建立站台门系统的基础资料档案管理制度,包括维修与维护手册、部件功能描述、部件接线图、操作手册设备故障记录以及日常维修记录等。

9 土建设施管理

9.1 一般要求

9.1.1 土建设施管理范围应包括轨道设施、路基设施、线路附属设施、隧道、桥梁、车站建筑、车辆基地、运营控制中心及变电所房屋建筑等。

9.1.2 运营单位应定期对土建设施进行日常保养、检测和维护。

9.1.3 其他交通设施上跨中低速磁浮交通线路时，应设置安全防护设施，防止侵入；中低速磁浮交通线路与其他交通设施共建于同一平面且相邻时，应在线路两侧设置安全防护和防侵入设施。

9.1.4 运营单位应确保地面、高架车站以及中低速磁浮交通线路轨道结构外边线外侧3m内，无妨碍行车的建筑物、构筑物、树木和其他物体。

9.1.5 运营单位应建立土建设施的基础资料档案管理制度，包括建筑竣工图纸及设计说明、工程检修竣工图纸、房屋建筑检修设计、施工技术和操作技能要求、维修保养手册、故障记录及日常维修记录等。

9.2 区间设施

9.2.1 区间设施管理范围应包括轨道、低置路基、线路附属设施、隧道、桥梁及变电所房屋建筑等。

9.2.2 轨道设施管理应满足以下要求：
1 运营单位应定期对轨道进行检测和维护，轨道的平顺性、零部件的安装误差应保持在允许误差范围内；定期对正线、配线的轨排损伤情况进行检测，发现钢轨伤裂应及时进行更换。
2 运营单位应定期对轨道结构进行检测和维护，轨道结构的强度、刚度、耐久性和稳定性应符合使用要求；应保持轨道减震地段减震降噪措施的有效性，并定期检测；应定期对轨道扣件进行检查，发现松动应及时紧固，对失效扣件应及时更换。

3 运营单位应定期对车挡进行检测和维护，确保车挡处于良好状态；当列车以设定的速度冲撞车挡时，车挡应能够承受列车冲击，阻挡列车至停止。

4 运营单位应定期检查桥面排水设施，并定期维护，确保排水通畅，道岔区及杆件基坑处无积水；寒冷季节道岔转辙处应采取防雪、防冰冻措施。

9.2.3 低置结构的管理应满足以下要求：

1 运营单位应定期对投入运营的低置路基进行检修和保养，路基结构强度及变形应满足承载轨道和列车运行的要求。

2 运营单位应定期对路基的防水、排水设施进行检查，确保防水、排水设施完好通畅，防止路基不均匀沉降和边坡塌陷。

9.2.4 区间结构设施的维修与保养，应满足以下要求：

1 运营单位应确保建筑物完好和正常使用，并采用日常保养、临时补修和综合维修相结合的维修模式。

2 运营单位应制订区间结构设施的专项设施维修计划和维修模式，确定维修项目的实施周期，制订相应的修程。

3 运营单位组建区间结构设施维修班组时，应根据区间结构设施的布局特点，合理配置维修班组和值班人员。

4 运营单位应制订区间结构设施维修班组的工作职责与维修管理办法。

5 区间结构设施在使用过程中发现异常情况并影响运营时，在确定需要大修前，应由专业单位进行鉴定和论证，并应专项设计批准后再开展大修施工。

9.2.5 隧道、桥梁的管理应满足以下要求：

1 运营单位应定期对隧道结构进行检查和检测，确保隧道结构的强度、刚度和耐久性处于设计指标范围内，隧道结构的水渗漏量不应超标，必要时应对隧道结构进行修补。

2 运营单位应定期对桥梁及其相关部件进行检查、检测和维护，确保桥梁结构的强度、刚度和耐久性处于设计指标范围内，桥梁结构的排水系统应保持通畅。

3 运营单位应建立隧道、桥梁等结构沉降检测系统，定期对沉降情况进行检测，必要时进行处理。

9.2.6 运营单位应在疏散平台及上下桥通道处安设监控，实时监控各疏散区间的轨行区状态，确保行车安全和设施安全。上下桥通道应保持排水通畅，通道内无积水，踏步应设置防滑条。

9.2.7 运营单位应定期对疏散平台、上下桥通道的结构进行检查和检测，确保设施的结构强度、刚度和耐久性处于设计指标范围内。

9.2.8 疏散平台、上下桥通道应设置明显的疏散和警示标志，运营单位应定期检查和更换相关标志标牌。

9.2.9 线路附属设施的管理应满足以下要求：
1 运营单位应定期对线路附属设施进行检查，确保线路附属设施完好。
2 运营单位应定期对线路标志进行检查，确保线路的基标、线路及信号标志等附属设施的完整性、完好性、可视性和清晰度，安装位置不应影响列车驾驶员瞭望。

9.3 车站设施

9.3.1 车站设施管理范围应包括砌体、混凝土、装饰和附属设施等。

9.3.2 砌体管理应满足以下要求：
1 运营单位应定期对车站砌体进行检测和维护，砌体结构的强度、刚度、耐久性和稳定性应符合使用要求。
2 运营单位应定期对砌体的结构尺寸、外观质量进行检测和维护，结构的尺寸误差、外观质量应符合设计及规范要求，发现砌体结构下沉、开裂应及时进行修补，必要时进行返修。

9.3.3 混凝土设施应满足以下要求：
1 运营单位应定期对车站混凝土设施进行检测和维护，保障混凝土结构的强度、刚度、耐久性和稳定性应处于设计指标范围内。
2 车站地下结构水渗透量不应超标，必要时应对结构进行修补；地面结构防水、排水系统应保持通畅，确保车站各处无积水。

9.3.4 装饰设施、附属设施管理应满足以下要求：
1 运营单位应定期对车站装饰设施进行检测和维护，包含吊顶设施、地面设施、外墙设施、门窗设施等。各类设施的性能和安全性应符合使用要求。
2 运营单位应定期对车站附属设施进行检查，确保车站内附属设施完好。
3 运营单位应定期对车站内标志、标牌进行检查，确保提醒和安全标志等附属设施的完整性、完好性、可视性和清晰度，安装位置符合使用要求。

10 人员管理

10.1 一般要求

10.1.1 运营单位应建立健全运营组织机构，合理设置岗位，人员到位并满足运营要求。

10.1.2 列车驾驶员、调度员、车站值班员和系统操作维护人员应具备相关知识、技能以及高度的岗位责任心，并通过身体健康检查。运营单位应对重点岗位人员开展安全背景审查。

10.1.3 运营单位应根据岗位工作要求，制订相应的培训大纲，并制订年度培训计划和培训预算，开展有针对性的、全过程的培训，做好培训记录，建立培训档案。对参与应急处置工作的人员，还应进行特定培训并定期进行演练。

10.1.4 运营单位各生产岗位人员应经过相应岗位系统培训且考核合格后，方可持证上岗。

10.1.5 客运服务人员应按规定着装，正确佩戴服务标志，规范服务流程和服务用语。

10.1.6 采用外包方式的岗位人员，也应满足本标准相关要求，运营单位应负责督促落实相关要求。

10.2 列车驾驶员

10.2.1 列车驾驶员应熟悉运营线路、行车设施设备、行车组织规则等内容，应经过系统岗位培训。在培训期间，应进行车辆故障、火灾、停电等险情的模拟操作。

10.2.2 列车驾驶员上岗考核内容除业务技能外，还应包括体能和心理健康测试。脱离驾驶岗位6个月及以上，或导致事故发生的，应重新进行上岗考核。

10.2.3 列车驾驶员应定期开展心理测试，建立心理健康档案。运营单位应根据心理健康状况进行及时干预和工作调整。

10.3 调度员

10.3.1 调度主任应由经验丰富的调度员担任；调度主任应经过系统岗位培训，具有行车调度岗位工作经验，熟悉电力、环控等工作内容和流程。

10.3.2 调度员应定期开展心理测试，建立心理健康档案。运营单位应根据心理健康状况进行及时干预和工作调整。

10.4 车站值班员

10.4.1 车站值班员应经过行车管理、施工管理、客运管理、票务处理、应急处置等系统培训。

10.4.2 车站值班员宜定期开展心理测试，建立心理健康档案。运营单位应根据心理健康状况进行及时干预和工作调整。

10.5 车站客运服务人员

10.5.1 车站客运服务人员应经过客运服务、票务处理、应急处置等系统培训教育，掌握岗位技能。

10.5.2 车站客运服务人员宜定期开展心理测试，建立心理健康档案。运营单位应根据心理健康状况进行及时干预和工作调整。

10.6 轨排、道岔维护人员

10.6.1 轨排、道岔维护人员应包括机械维护人员和电气维护人员。

10.6.2 轨排、道岔维护人员应对轨排、道岔的结构和原理知识有一定了解，并具备轨排、道岔的安装、测量、调试等技能。

10.7 磁浮车辆维护人员

10.7.1 设备维修人员应具有相关专业工作技能，熟悉岗位操作流程和工作要求。

10.7.2 负责车辆维修的人员应接受车辆构造、电气设备、专业工具使用以及维修规程等内容的培训。车辆维修电工应持有低压电工操作证方可上岗。

10.7.3 负责车辆维修的人员应能够熟练操作磁浮特种检修设备，并能对检修设备进行简单的维护保养。

10.8 其他人员

10.8.1 其他人员主要包括工程车驾驶员、特种设备作业人员、车辆基地调度员、从事设备维修维护及操作人员等。

10.8.2 特种设备作业人员应取得相关部门颁发的特种设备作业人员证，并持证上岗。

11 安全与应急管理

11.1 一般要求

11.1.1 运营单位应设置安全生产管理机构,配备专职的安全生产管理人员,并根据需要配备兼职的安全生产管理人员。

11.1.2 运营单位应投入足够数量的资金,保证正常的安全生产。

11.1.3 运营单位应建立健全安全生产责任制,实行安全生产目标分级管理,逐级落实安全生产目标责任,并加强监督考核。

11.1.4 运营单位应加强从业人员劳动保护,做好防尘、防辐射、防噪声、防寒保暖和防暑降温工作,改善从业人员劳动条件。

11.1.5 磁浮交通工程试运营前,应通过试运营基本条件评审和初期运营前安全评估。

11.2 安全管理制度

11.2.1 运营单位应制订安全生产制度,使安全生产工作制度化、规范化、标准化。运营单位应制订安全生产管理办法,规定安全生产管理办法的工作方针及目标、管理机构及职责、工作内容及要求相关事宜。

11.2.2 运营单位应实行安全事故责任追究制度,严格执行事故调查处理;应定期召开各类安全生产会议。

11.2.3 运营单位应建立突发事件逐级报告制度,并及时报告发生的突发事件;应建立突发事件应急预案管理办法。

11.2.4 运营单位应根据运营工作中发现的问题,及时对各类操作规程、各类相关设备的应急处置预案等制度进行复查、修订。运营单位宜每3~5年对各类操作规程、各类相关设备的应急处置制度进行一次全面的复查修订。

11.2.5 运营单位应严格限制可燃物品的使用，制订可燃物品安全使用管理规定，并制订消防安全管理办法。

11.2.6 运营单位应制订员工通用安全规则，规定员工安全行为、通用维修作业安全等相关事项。

11.2.7 运营单位应制订危险源辨识及安全生产风险分级管控管理办法，规定危险源辨识及安全生产风险分级管控的职责分工、风险点确定、风险评价、风险控制措施等相关事项。

11.2.8 运营单位应制订安全管理奖惩与绩效的相关制度，建立安全教育培训计划，完善安全检查手段。

11.2.9 运营单位应制订生产安全事故隐患排查治理办法，规定运营单位生产安全事故隐患排查治理的工作职责、事故隐患排查、事故隐患治理、事故隐患举报及隐患档案管理等相关事宜。

11.2.10 运营单位应制订关于委外项目的安全管理办法，主办部门对委外项目的安全生产负责，监督委外单位配备专/兼职安全管理人员负责项目实施过程中的安全管理，督促委外单位逐级建立健全安全生产责任制，建立和完善各项安全规章制度、操作规程等。属地管理部门对进入属地范围的委外作业安全进行监督。

11.2.11 运营单位应制订运营安全事故事后管理办法，防止二次事故发生。

11.3 安全隐患管理

11.3.1 运营单位应针对人员、设施设备、环境和管理等运营安全的风险因素，制订安全隐患管理制度，建立重大安全隐患台账，并持续跟进处理。

11.3.2 运营单位应结合运营管理水平和运营险性事件等情况，逐项确定安全风险等级并制订风险管控措施，形成本单位运营安全风险数据库，内容包括业务板块、风险点、风险描述、风险等级、管控措施、责任部门及责任岗位、责任人等。

11.3.3 安全隐患分为重大隐患和一般隐患两个等级。运营单位应对照风险数据库，逐项分析所列风险管控措施弱化、失效、缺失可能产生的隐患，确定隐患等级，并按照

"一岗一册"的原则分解到各岗位，形成各岗位的隐患排查手册，明确排查内容、排查方法、排查周期等内容。

11.3.4 运营单位应定期开展安全隐患排查，发现重大安全隐患，应及时报告，并采取相应防控措施。

11.3.5 运营单位从业人员发现事故隐患或者其他的不安全因素时，应及时报告，并采取相应临时防控措施。

11.3.6 运营单位应定期跟踪安全隐患整改情况，对重大安全隐患整改情况进行督办，及时跟进落实。

11.3.7 运营单位应定期开展安全评价工作，涉及运营安全的关键因素，应分类分级进行评价。

11.3.8 运营单位应将安全隐患管理所需资金列入财务预算，予以资金保障。

11.3.9 运营单位宜建立安全隐患举报奖励制度，鼓励单位从业人员对存在的安全隐患进行举报。

11.4 安全教育与安全检查

11.4.1 安全教育应满足以下要求：

1 运营单位应建立健全安全生产教育培训制度，合理安排培训事项，认真组织实施安全教育培训工作。

2 运营单位应制订年度安全生产教育培训计划。按照国家和本市有关规定对从业人员进行安全培训和考核，依据岗位特点，制订各岗位的培训计划，培训内容需切合实际，未经安全生产培训或考核不合格的人员不得上岗作业。

3 运营单位领导班子成员、各部门主要负责人、安全生产管理人员和特种作业人员应当按照国家及省、市规定，经专门的安全培训考核，取得相应资格证，并定期进行继续教育、复审。

4 运营单位新员工应接受公司、部门（车间、室）、班组（车站）岗位三级安全教育，具备必要的安全生产知识，熟悉公司安全生产规章制度、应急预案、操作规程及岗位危险性。

5 运营单位应及时对复工、转岗的员工及采用新材料、新设备、新工艺、新技术作业时进行安全培训教育。采用新材料、新设备、新工艺、新技术作业时，应采取有效的安全防护措施，对相关岗位从业人员进行专门的安全生产知识和操作技能的培训。

6 运营单位应加强现场安全常规教育，组织现场人员进行相关培训和考核，并做好记录归档工作。

7 运营单位应及时组织开展典型事故案例分析，宜将事故案例编制成册，吸取事故经验教训，强化安全教育，落实防范措施。

8 运营单位应建立员工安全生产教育培训档案，详细、准确记录各类形式的安全教育培训及考核情况。

9 运营单位应加强安全宣传，切实提高从业人员和社会公众的安全意识和自我防护能力。

10 运营单位应加强安全文化建设，举办各类型安全技能竞赛。

11 运营单位应督促委外单位建立和完善内部培训和管理制度，并制订培训计划，做好相关培训记录。

11.4.2 安全检查应满足以下要求：

1 运营单位安全有关组织机构应组织开展定期和不定期安全检查，对检查发现的各类安全问题，责任部门应及时制订整改措施落实整改，暂无法立即整改的问题，应采取可靠的临时管控措施。

2 运营单位应该根据事故类型快速启动相应应急方案，并根据预案进行处置，同时按照有关规定，报告政府相关部门。

3 运营单位应加强磁浮交通保护区的安全检查，做好保护区日常排查，建立安全隐患管理制度，坚持定期开展隐患排查工作，巡查及设施设备保护工作。

4 运营单位应每个季度开展一次全面安全大检查，以查思想，查教育，查落实，查隐患，查制度，查整改为主要内容，并不定期地对各部门，岗位进行抽查，每季度对各部门进行安全考评。对成绩突出部门，给予表扬，对存在问题部门，限期整改。

5 运营单位各生产部门应每月组织对本部门各专业进行一次全面安全检查，对检查时间、内容、发现问题、整改措施和期限等做好详细书面记录，整理归档备查，并进行通报。

11.5 应急管理

11.5.1 运营单位应建立应急抢险组织机构，组建抢险队伍，配备应急所需要的专业器材设备，定期组织抢险演练，并对器材设备进行经常性维护保养，保证设备完好。

11.5.2 运营单位应建立运营突发事件应急预案体系，组建突发事件处置机构，制订综合应急预案、专项应急预案和现场处置方案。应急预案编制应切合实际，内容完备，针对性和操作性强，并定期进行演练。

11.5.3 应急预案应覆盖以下四类应急预案：

1 运营突发事件应急预案，主要为设施设备故障、火灾、列车冲突、人车冲突、突发客流和网络安全事件等应急预案。
2 自然灾害应急预案，主要为地震、台风、雨涝、冰雪灾害和地质灾害等应急预案。
3 公共卫生事件应急预案，主要为损害社会公众健康的重大传染病疫情、群众性不明原因疾病、重大食物中毒等突发公共卫生事件的应急预案。
4 社会安全事件应急预案，主要为人为纵火、爆炸、投毒和核生化袭击等恐怖袭击事件的应急预案。

11.5.4 运营单位制订的应急预案应遵循统一指挥、逐级负责、快速反应、协同配合原则，并明确以下内容：
1 抢险指挥领导小组，负责抢险救援的组织、指挥、决策，指挥各部门实施各自的应急预案。
2 不同事故情况下的抢险救援措施和人员疏散方案。
3 现场处置过程中各部门的组织原则及工作职责。
4 抢险信息报告程序应遵循迅速、准确、客观和逐级报告的原则。
5 提供消防、通信、物资、医疗救护资源的保障措施。

11.5.5 发生运营安全事故后，运营单位应按规定立即启动相应级别的应急预案，采取应急抢险措施，防止事态扩大，在确保安全的前提下尽快恢复正常运营，并按规定及时报告。

11.5.6 运营单位宜设立统一的应急指挥中心，承担各类突发事件的指挥协调处置工作；或由运营控制中心承担应急指挥工作。

11.5.7 运营单位应根据有关法律法规和标准的变动情况、安全生产条件的变化情况以及应急预案演练和应用过程中发现的问题，及时修订完善应急预案。

11.5.8 运营单位应按有关要求组织应急预案的专家评审会。

11.5.9 运营单位综合应急预案、专项应急预案应上报运营主管部门备案。新编制或修订的，应在预案生效20个工作日内上报运营主管部门。

11.5.10 运营单位综合应急预案演练应依托专项应急预案，每半年至少组织一次实战演练；每半年至少组织一次专项应急预案演练，每个专项应急预案每3年至少演练一次。年度应急演练计划中实战演练比例不得低于70%。鼓励采用事前不通知演练时间、地点和内容的突击式演练。运营单位综合和专项年度应急演练计划应在确定后的20个工作日内报运营主管部门。

11.5.11 运营单位应根据演练计划统筹安排应急演练经费，并纳入本单位安全生产费用，做好人员、场地、物资器材的筹备保障和有关沟通协调工作，确保应急演练工作安全有序开展。

附录 A 运营指标计算方法

A.1 列车运行图兑现率

A.1.1 定义
统计期内，实际开行列车次数与列车运行图图定开行列车次数之比，实际开行的列车次数中不包括临时加开的列车次数。

A.1.2 计算方法
列车运行图兑现率可按公式（A.1）计算。

$$A = \frac{N_1}{N_4} \times 100\% \tag{A.1}$$

式中：A——列车运行图兑现率；

N_1——实际开行列车次数，即完成列车运行图中规定的列车开行计划的列车数量，单位为列；

N_4——列车运行图图定开行列车次数，即列车运行图中规定的开行列车数量，单位为列。

A.2 列车正点率

A.2.1 定义
统计期内，正点列车次数与实际开行列车次数之比。

A.2.2 计算方法
列车正点率可按公式（A.2）计算。

$$B = \frac{N_3 + N_{11}}{N_1 + N_{11}} \times 100\% \tag{A.2}$$

式中：B——列车正点率；

N_3——正点列车次数，即统计期内，在执行列车运行图过程中，列车终点到站时刻与列车运行图计划到站时刻相比误差小于 2 min 的列车次数，单位为列；

N_{11}——加开列次，列车运行图图定之外加开的列次，加开列次均统计为正点。

A.3 列车服务可靠度

A.3.1 定义
统计期内，全部列车总行车里程与 5 min 以上延误次数之比，单位为万列千米/次。

A.3.2 计算方法
列车服务可靠度可按公式（A.3）计算。

$$C = \frac{L}{N_5} \tag{A.3}$$

式中：C——列车服务可靠度；

L——全部列车总行车里程，单位为万列千米；

N_5——5min 以上延误次数，单位为次。

A.4 列车退出正线运营故障率

A.4.1 定义
统计期内，列车因发生车辆故障而应退出正线运营的故障次数与全部列车总行车里程比值，单位为次/万列千米。

A.4.2 计算方法
列车退出正线运营故障率可按公式（A.4）计算。

$$D = \frac{N_6}{L} \tag{A.4}$$

式中：D——列车退出正线运营故障率；

L——全部列车总行车里程，单位为万列千米；

N_6——导致列车退出正线运营的车辆故障次数，即因发生车辆故障而导致列车应退出正线运营的故障次数，单位为次。

A.5 车辆系统故障率

A.5.1 定义
统计期内，导致列车运行晚点 2 min 及以上的车辆故障次数与全部列车总行车里程的比值，单位为次/万列千米。

A.5.2 计算方法

车辆系统故障率可按公式（A.5）计算。

$$E = \frac{N_2}{L} \tag{A.5}$$

式中：E——车辆系统故障率；

L——全部列车总行车里程，单位为万列千米；

N_2——导致 2 min 及以上晚点的车辆故障次数，单位为次。

A.6 信号系统故障率

A.6.1 定义

统计期内，信号系统故障次数与全部列车总行车里程的比值，单位为次/万列千米。

A.6.2 计算方法

信号系统故障率可按公式（A.6）计算。

$$F = \frac{N_7}{L} \tag{A.6}$$

式中：F——信号系统故障率；

L——全部列车总行车里程，单位为万列千米；

N_7——信号系统故障次数，单位为次。

A.7 供电系统故障率

A.7.1 定义

统计期内，供电系统故障次数与全部列车总行车里程的比值，单位为次/万列千米。

A.7.2 计算方法

供电系统故障率可按公式（A.7）计算。

$$G = \frac{N_8}{L} \tag{A.7}$$

式中：G——供电系统故障率；

L——全部列车总行车里程，单位为万列千米；

N_8——供电系统故障次数，单位为次。

A.8 站台门故障率

A.8.1 定义
统计期内,站台门故障次数与站台门动作次数的比值。

A.8.2 计算方法
站台门故障率可按公式(A.8)计算。

$$H = \frac{N_9}{N_{10}} \times 100\% \tag{A.8}$$

式中:H——站台门故障率;

N_9——站台门故障次数,即单个站台门无法打开或关闭记为站台门故障1次,多个站台门同时无法打开或关闭,故障次数按发生故障的站台门数量累计,单位为次;

N_{10}——站台门动作次数,即单个站台门开启并关闭1次记为站台门动作1次,单位为次。

A.9 磁浮道岔故障率

A.9.1 定义
统计期内,磁浮道岔故障次数与全部列车总行车里程的比值,单位为次/万列千米。

A.9.2 计算方法
磁浮道岔故障率可按公式(A.9)计算。

$$I = \frac{N_{12}}{L} \tag{A.9}$$

式中:I——磁浮道岔故障率;

L——全部列车总行车里程,单位为次/万列千米;

N_{12}——磁浮道岔故障次数,包括机械故障和控制系统故障,单位为次。

A.10 乘客投诉率

A.10.1 定义
统计期内,乘客投诉次数与客运量的比值,单位为次/百万人次。

A.10.2 计算方法
乘客投诉率可按公式(A.10)计算。

$$J = \frac{N_{13}}{C} \qquad (\text{A.10})$$

式中：J——乘客投诉率；

C——全部客运量，单位为百万人次；

N_{13}——乘客投诉次数，单位为次。